COLLECTION
CONNAÎTRE UNE OEUVRE

MIXTE
Papier issu de sources responsables
Paper from responsible sources
FSC® C105338

JEAN-PAUL SARTRE

Les Mains sales

Fiche de lecture

Les Éditions du Cénacle

© *Les Éditions du Cénacle, 2018.*

ISBN 978-2-36788-860-6
Dépôt légal : Mai 2018

SOMMAIRE

- Biographie de Jean-Paul Sartre.................................. 9

- Présentation des *Mains sales*.................................. 15

- Résumé de l'oeuvre.................................. 19

- Les raisons du succès.................................. 31

- Les thèmes principaux.................................. 37

- Étude du mouvement littéraire.................................. 43

- Dans la même collection.................................. 47

BIOGRAPHIE

JEAN-PAUL SARTRE

Jean-Paul Sartre est né le 21 juin 1905 dans le 16ᵉ arrondissement de Paris. Officier de la marine, son père Jean-Baptiste Sartre embarque à bord d'un torpilleur seulement quelques semaines après son mariage avec Anne-Marie Schweitzer. Il est au large de la Crète lorsqu'il apprend la naissance de son fils par télégramme. Atteint d'une maladie des bronches, il retrouve sa famille cinq mois plus tard. La famille quitte Paris pour s'installer dans le sud-ouest de la France à Thiviers, la ville natale de Jean-Baptiste. Mais le 17 septembre 1906, la maladie l'emporte à 32 ans. Il laisse derrière lui Anne-Marie, jeune veuve de 24 ans et leur bébé de 15 mois.

Anne-Marie retourne vivre à Paris chez ses parents. Jean-Paul Sartre ne fréquente pas les bancs de l'école. Son grand-père, professeur d'allemand à la retraite, se charge de son éducation. Le petit garçon s'épanouit parmi les livres de la bibliothèque familiale. À 8 ans, son avenir est déjà tout tracé : il se destine à devenir écrivain.

En octobre 1915, il fait son entrée en 6ᵉ au lycée Henri IV. Ses professeurs voient en lui un élève intelligent, mais irréfléchi. En 1917, sa mère se remarie avec Joseph Mancy, directeur de chantiers navals à La Rochelle. La famille s'installe dans la ville fortement marquée par la guerre. Sartre ne s'intègre pas dans son nouveau lycée : il est persécuté par ses camarades. Sa mère finit par le renvoyer à Paris au lycée Henri IV en tant que pensionnaire.

Après l'obtention de son baccalauréat en 1922, Sartre passe deux ans en classe préparatoire au lycée Louis le Grand. Il rentre à l'École Normale Supérieure en 1924. Après un premier échec au concours de l'agrégation de philosophie, il est reçu l'année suivante à la première place, Simone de Beauvoir à la seconde. La jeune femme se rapproche de lui l'été qui suit et devient sa compagne. Cette relation amoureuse n'entamera pas la liberté de l'écrivain : elle est son « amour nécessaire », et le couple connaîtra bien d'autres « amours contingents ».

Sartre ne se rêve pas fonctionnaire, et encore moins professeur de province. Il tente donc d'obtenir un poste de lecteur au Japon, mais est finalement nommé professeur au lycée François Ier du Havre. En 1938, les éditions Gallimard publient *La Nausée*, œuvre qui tire son nom du sentiment de malaise qui frappe Roquentin quand il prend conscience de la contingence de l'existence.

La guerre déclarée en 1939, Sartre est envoyé comme soldat météorologiste sur la ligne de front. Il y écrit *L'Âge de Raison*, premier tome des *Chemins de Liberté*. En juin 1940, il est fait prisonnier dans un stalag près de Trêves. À Noël, il écrit et met en scène une pièce sur le thème de la nativité, *Bariona*. En mars 1941, il quitte le stalag grâce à un faux certificat médical et rejoint Paris, occupée par les Allemands. En juin, il fonde le groupe de résistants « Socialisme et liberté » qui compte une cinquantaine de membres.

En 1941, il enseigne au lycée Condorcet à Paris. Il écrit la pièce *Les Mouches* sur le thème de *L'Orestie* d'Eschyle. La pièce est mise en scène par Dullin et jouée en juin 1943 au théâtre de la Cité. Sous l'occupation, cette tragédie de la liberté sonne comme un appel à la révolte qui fait écho à *Antigone* d'Anouilh.

Inspiré par Heidegger, Sartre écrit un essai philosophique traitant de la phénoménologie de l'existence, *L'Être et le Néant*, qui paraît en 1943 chez Gallimard. L'année suivante, la première de sa pièce *Huis-Clos* est jouée le 27 mai 1944 au théâtre du Vieux Colombier. La pièce qui traite de la coexistence avec autrui et de l'impossibilité d'échapper aux jugements met en scène trois personnages condamnés à vivre ensemble pour l'éternité en Enfer et devenant tour à tour victime puis bourreau.

À la fin de la guerre, Sartre participe au journal *Combat*

pour lequel il part aux États-Unis avec d'autres journalistes. Il rentre à Paris en mai 1945 et publie *L'Âge de raison* et *Sursis*, les deux premiers tomes de *Chemins de liberté* chez Gallimard. La maison d'édition finance également sa revue *Les Temps modernes*, qui marque le début de l'ère de la littérature engagée. Sartre y affirme sa position politique : partisan de la cause de la révolution marxiste, il prend position contre la guerre d'Indochine, le gaullisme et l'impérialisme américain. En 1947, il fonde un nouveau parti politique : le Rassemblement Démocratique Révolutionnaire, qui se décomposera un an à peine après sa création.

La fin des années 1940 est une période très prolifique pour l'écrivain qui commence à jouir d'une certaine notoriété. De 1946 à 1949, il écrit pas moins d'une quarantaine d'articles, critiques littéraires et essais publiés dans les recueils Situations, trois pièces : *La Putain respectueuse*, *Morts sans sépulture* et *Les Mains sales*, le scénario cinématographique *Les Jeux sont faits* et le dernier tome des *Chemins de liberté* : *La Mort dans l'âme*.

Entre 1952 et 1956, Sartre se rapproche du Parti Communiste Français et fait la promotion des idées marxistes. Mécontent de voir sa pièce *Les Mains sales* utilisée comme outil de propagande contre l'URSS durant la Guerre Froide, Sartre en fait interdire les représentations à Vienne en 1952 et 1954. Mais après l'insurrection de Budapest en 1956, Sartre rompt avec le PCF. Critiquant vivement le colonialisme, il prend parti contre la guerre d'Algérie et soutien les désirs d'indépendance du peuple algérien.

En 1964, les éditions Gallimard publient *Les Mots*, autobiographie de l'auteur qui reçoit un hommage unanime. En octobre, l'Académie de Stockholm lui attribue le Prix Nobel de la Littérature, mais Sartre refuse de le recevoir, car pour lui, «aucun homme ne mérite d'être consacré de son vivant».

Sartre reste impliqué dans la lutte d'extrême gauche et soutient les étudiants en mai 68. En 1971, il participe à la création d'un journal révolutionnaire et d'un style nouveau : *Libération*. Frappé de cécité en 1973, il est dans l'incapacité de terminer *L'Idiot de la famille*, biographie de Flaubert sur laquelle il travaille. En février 1980, peu de temps avant sa mort, il fait paraître une série d'entretiens philosophiques avec Benny Levy, *L'Espoir maintenant* dans *Le Nouvel Observateur*. Sartre meurt le 20 avril 1980 à Paris. 50 000 personnes anonymes suivent le cortège funéraire lors de son enterrement au cimetière Montparnasse. De nombreux hommages lui sont rendus, notamment dans le Tiers-Monde, où il est encore aujourd'hui considéré comme une figure intellectuelle de la décolonisation.

PRÉSENTATION DES MAINS SALES

Drame en sept tableaux, la pièce *Les Mains sales* a été écrite par Jean-Paul Sartre à la fin de l'année 1947. Mise en scène par Pierre Valde sous la supervision de Jean Cocteau, la première a lieu le 2 avril 1948 au théâtre Antoine. En juin 1948, les éditions Gallimard publient la pièce qui connaît un succès retentissant. Véritable best-seller, 140 000 exemplaires du livre ont déjà été vendus en 1955.

La pièce met en scène un membre du Parti prolétarien, Hugo Barrine, chargé par le Parti d'assassiner Hoederer, un dirigeant communiste qui propose de former une alliance avec des partis conservateurs et réactionnaires. Emprisonné pour son crime en 1943, Hugo sort de prison deux ans plus tard. Le Parti applique à présent la politique d'Hoderer qu'il désavouait auparavant. Pour réintégrer le Parti, Hugo doit renier son crime, mais refusant de trahir ses idéaux politiques et de rendre la mort d'Hoederer vaine, il assume la responsabilité de son acte et choisit de mourir.

Pour conférer à sa pièce un certain réalisme politique, Sartre s'inspire du contexte de l'époque, notamment du meurtre de Trotsky et de la situation hongroise après la guerre. La pièce traite principalement de politique à travers l'opposition entre la vision idéaliste du marxisme de Hugo et celle plus pragmatique d'Hoederer, mais aussi de la notion d'engagement. Sartre y expose également sa philosophie existentialiste et l'absoluité de la liberté humaine. En faisant le choix d'assumer ses actes et de garder «Les mains sales», Hugo devient maître de son destin et conquiert sa liberté.

RÉSUMÉ DE L'OEUVRE

Premier Tableau (Mars 1945, chez Olga)

Scène I

Olga écoute la radio qui annonce la retraite de l'armée allemande et la progression de l'armée soviétique à la frontière illyrienne. On frappe à la porte. Méfiante, elle l'ouvre armée d'un pistolet appartenant à Hugo, tout juste libéré de prison où il a passé cinq ans pour l'assassinat d'Hoederer sur l'ordre du Parti prolétarien. Il raconte à Olga qu'alors qu'il purgeait sa peine, il reçut un colis contenant des chocolats empoisonnés. Hugo pense que le Parti le juge irrécupérable et lui a envoyé le paquet pour éviter qu'il ne parle trop. Un membre du parti frappe à la porte, Olga envoie Hugo se cacher dans sa chambre.

Scène II

Charles et Frantz entrent, ils sont à la recherche de Hugo. Leur chef, Louis, les a envoyés pour exécuter Hugo, jugé irrécupérable par le Parti. Olga exige de parler à Louis.

Scène III

Olga prend la défense de Hugo. Elle demande à Louis un délai prolongé jusqu'à minuit pour interroger Hugo et ainsi déterminer s'il peut encore servir au Parti. Louis en doute, mais il accepte de lui accorder trois heures.

Scène IV

Hugo accepte d'expliquer à Olga pourquoi il a tué Hoederer. Son histoire remonte à mars 1943 quand Louis l'a convoqué.

Deuxième tableau (Mars 1943, chez Olga)

Scène I

Membre du Parti depuis un an, Hugo se charge de la rédaction de leur journal. Il entame la conversation avec Ivan, un autre membre du Parti qui attend qu'il soit dix heures pour partir en mission.

Scène II

À dix heures, Olga entre. Elle confie une valise à Ivan et lui souhaite bonne chance pour sa mission.

Scène III

Hugo interroge Olga sur la mission d'Ivan, il pense qu'il va faire sauter le pont de Korsk. Comme elle refuse de lui en dire plus, Hugo l'accuse de ne pas lui faire confiance, tout comme Louis. Il aimerait qu'on lui confie une mission pour prouver sa valeur, mais il n'a pas de compétence particulière. Dans la pièce voisine, Louis se querelle à propos de la stratégie à adopter avec Hoederer, ancien député de Landstag et à présent secrétaire du Parti. Hugo confie à Olga que même s'il est marié et aime sa femme Jessica, il ne tient pas à sa vie et se dit prêt à se sacrifier pour le Parti.

Scène IV

Louis propose à Hugo une mission. Hoederer a convaincu le comité du Parti de s'associer au Régent fasciste et au Pentagone qui regroupe Bourgeois libéraux et nationalistes. Le seul moyen d'empêcher cet accord que réprouve Louis est d'éliminer Hoederer. Louis propose donc à Hugo de s'installer chez Hoederer avec sa femme pour devenir son secrétaire et surveiller ses agissements. Le moment venu, trois camarades se chargeront de l'exécution. Hugo propose de se charger de l'éliminer lui-même. Ils entendent soudain un bruit d'explosion et voient au loin les flammes d'un incendie, signe qu'Ivan a réussi sa mission.

Troisième tableau (Chez Hoederer)

Scène I

Alors qu'elle s'installe dans une chambre du pavillon d'Hoederer, Jessica en profite pour fouiller dans les affaires de son mari. Elle subtilise des objets qu'elle cache sous le matelas quand Hugo revient de son entrevue avec Hoederer. Hugo demande à sa femme de ne pas ouvrir sa valise, mais Jessica lui avoue qu'elle l'a déjà ouverte. Elle y a trouvé une douzaine de photos qu'Hugo garde de lui-même et un revolver. Hugo lui avoue qu'il a pour mission d'assassiner Hoederer. Jessica, qui ne l'en croit pas capable, ne prend pas ses aveux au sérieux. On frappe à la porte et Hugo part ouvrir.

Scène II

Hugo fait entrer Slick et Georges. Les deux gardes du corps de Hoederer proposent à Hugo et Jessica de les aider à s'installer. Entre le couple de bourgeois et les deux hommes de la classe ouvrière. La conversation dégénère rapidement. Hugo les invite à partir, mais ils demandent d'abord à fouiller la chambre, un ordre direct de Hoederer. Hugo refuse. Il est sur le point d'en venir aux mains avec Slick quand Hoederer fait son entrée.

Scène III

Hoederer tente de calmer la situation et demande à ses hommes de faire preuve de respect envers Hugo même s'il n'est pas du même milieu. Il tente de convaincre Hugo de les laisser faire leur fouille. Hugo refuse encore, mais Jessica insiste pour qu'ils fouillent toute la chambre et elle également. Gêné, Georges inspecte Jessica du bout des doigts et ne relève rien de suspect. Quand les deux hommes ouvrent la valise d'Hugo, le pistolet n'est plus à l'intérieur. Leur recherche terminée, ils repartent bredouilles, laissant Hoederer avec le couple.

Scène IV

Hoederer n'est pas insensible au charme de Jessica. Il lui conseille de rester à distance des hommes de la maison quand son mari est absent, lui y compris. Sa beauté pourrait être dangereuse pour la stabilité de leur groupe. Puis il questionne Hugo sur les raisons qui l'ont poussé à quitter son poste de rédacteur de journal du Parti pour devenir son secrétaire. Hugo avoue qu'il a besoin de discipline. En fouillant dans sa valise, Hoederer découvre les photos d'Hugo, faiblesse narcissique qu'il garde jalousement à l'abri des regards. Au moment de partir, Hoederer leur conseille de verrouiller la porte.

Scène V

Hoederer parti, Hugo demande à Jessica où elle a caché le revolver. Elle le tire de son corsage et explique qu'elle l'a dissimulé au moment où Hugo ouvrait la porte aux deux gardes du corps. Jessica s'amuse de la situation et Hugo lui rappelle qu'Hoederer est un homme dangereux qu'il a pour mission d'abattre. Mais Jessica ne le croit pas capable de devenir un assassin, elle refuse donc de lui rendre le revolver et propose de se charger elle-même du meurtre d'Hoederer en le séduisant. Hugo se jette sur elle, ils luttent sur le lit en riant jusqu'à ce qu'il parvienne à reprendre de revolver.

Quatrième tableau (Bureau de Hoederer)

Scène I

Jessica rend visite à Hugo dans le bureau de Hoederer. Hugo lui demande de partir : Hoederer sera bientôt de retour et sa présence n'est donc pas bienvenue. Jessica lui reproche de ne pas encore avoir tué Hoederer, et lui explique qu'elle est venue lui apporter le revolver pour qu'il passe enfin à l'acte. Pour qu'elle s'en aille, Hugo prend l'arme, mais Jessica s'attarde et examine les affaires d'Hoederer. Le décor de bureau et l'odeur de tabac qui y règne la rendent nostalgique de son enfance. Elle demande à Hugo de ne pas le tuer. Hugo est déconcerté de voir qu'elle commence à le prendre au sérieux. Hoederer arrive et Jessica se glisse sous la table.

Scène II

Hoederer s'étonne de trouver Jessica sous la table et reproche à Hugo de ne pas savoir se faire respecter par sa femme. Selon lui, il aurait dû épouser quelqu'un du Parti. Pour Hoederer, les fils de bourgeois qui rejoignent le Parti gardent toujours un luxe, souvenir de leur passé, dont ils feraient mieux de se passer. Pour Hugo, ce luxe n'est autre que son épouse qui ne sait rien faire à part l'amour. Hoederer rudoie Jessica et la fait sortir.

Scène III

Hoederer demande à Hugo de ne plus laisser Jessica venir dans le bureau. Il révèle à Hugo qu'il se sait menacé. Ses opposants politiques veulent l'éliminer avant qu'il ne conclue un accord avec Karsky, secrétaire du Pentagone et le Prince Paul, fils du Régent, qu'il s'apprête justement à recevoir.

Scène IV

Karsky et le Prince Paul font leur entrée et entament les négociations. Le Prince propose la création d'un Comité National Clandestin de 12 voix : 4 pour lui, 6 pour le Pentagone et 2 pour le Parti. Hoederer rejette l'offre du prince et propose un Comité Directeur réduit à 6 membres, 3 pour le Parti et 3 pour le Prince et Karsky. Karsky refuse. Hoederer rappelle qu'une union nationale est vitale : l'Allemagne battant en retraite, l'Illyrie est sur le point d'être envahie par les armées soviétiques. Hugo s'insurge et informe leurs hôtes que le Parti ne soutient pas Hoederer dans ce projet d'alliance. Il s'apprête à sortir son arme quand une explosion retentit.

Scène V

Alertés par l'explosion qui a fait voler les vitres en éclats, Georges, Léon et Slick entrent en courant, suivis par Jessica. Seul Karsky a été blessé par quelques éclats de verre. Hoederer affirme que l'attentat le visait. La bombe a été lancée depuis le jardin et a heurté le mur par chance,. Les trois hommes décident de poursuivre leurs négociations à l'étage, mais Horderer demande à Hugo de ne pas y prendre parti.

Scène VI

Vexé, Hugo se verse un verre et peste contre Louis qui ne lui a pas fait confiance, sans se soucier d'éveiller les soupçons de Georges et de Slick. Jessica essaie de donner le change en faisant dévier la conversation sur leur couple et sur un bébé à venir. Ivre mort, Hugo tient des propos troublants et ne tient plus debout. Jessica demande à Georges et Slick de le porter jusqu'à son lit.

Cinquième tableau (Chez Hoederer)

Scène I

Ivre, Hugo dort. Jessica découvre Olga qui s'est introduite dans leur chambre. C'est elle qui a lancé la bombe. Le Parti pense qu'Hugo les a trahis puisque Hoederer est toujours en vie. Pour le laver de tous soupçons, Olga a décidé d'exécuter sa mission à sa place, sans en informer le Parti. Hugo revient à lui. Avant de partir, Olga l'informe qu'il a jusqu'au lendemain soir pour accomplir sa mission. S'il échoue, il sera abattu.

Scène II

Hugo se lamente. Personne ne croit plus en lui au Parti, pas même Olga. À présent, seule Jessica le prend au sérieux et veut bien croire qu'il était sur le point de tirer quand la bombe a explosé. Il lui demande ce qu'elle ferait à sa place. Jessica lui suggère de tout avouer à Hoederer et de lui offrir ses services. Mais Hugo refuse cette idée : il est impensable pour lui de s'allier à un homme dont il ne partage pas les idées. Le couple se querelle. Ils finissent par reconnaître qu'ils ne se sont jamais vraiment aimés. On frappe à la porte, Hugo est persuadé qu'il s'agit d'Olga.

Scène III

C'est Hoederer qui entre. Ses gardes du corps s'étant endormis, il vient rendre visite au couple. Jessica force Hugo à parler de sa divergence d'opinions concernant l'alliance. Hoederer lui rétorque qu'il est impossible de prendre le pouvoir sans cette alliance et que sans leur soutien, le Parti serait condamné. Hugo lui rappelle que le Parti a un programme : réaliser une économie socialiste en se servant de la lutte des classes. Mais pour Hoederer, le combat est un moyen plus efficace pour parvenir à leurs fins. Pour lui, Hugo reste un petit aristocrate qui refuse de se salir les mains, il aime plus les principes que les hommes.

Scène IV

Entrent Georges et Slick. en se réveillant, ils ont été surpris de constater qu'Hoederer avait disparu et sont donc à sa recherche. Hoederer décide de rentrer avec eux et de poursuivre la conversation avec Hugo le lendemain. Les trois hommes quittent la chambre.

Scène V

Jessica soutient les idées d'Hoederer et elle pense qu'il a également réussi à convaincre Hugo. Mais ce dernier nie avec véhémence : il reste fidèle aux idées de Louis et refuse de mentir à ses camarades. Il annonce qu'il l'éliminera le lendemain.

Sixième tableau (Bureau de Hoederer)

Scène I

Jessica informe Hoederer du projet de Hugo de l'assassiner. Elle lui avoue qu'Hugo l'apprécie beaucoup, mais qu'il a reçu des ordres. En le dénonçant, elle espère l'aider et l'empêcher de devenir un assassin. Hoederer promet qu'il parlera à Hugo et trouvera un moyen de le dissuader de le tuer. Hugo frappe à la porte et Hoederer demande à Jessica de sortir par la fenêtre pour ne pas être vue.

Scène II

Les deux hommes se mettent au travail, mais Hoederer ne cesse de provoquer Hugo. Il pense qu'il n'a pas le cran nécessaire pour tuer : selon lui, les intellectuels réfléchissent trop aux conséquences de leurs actes. Poussé dans ses retranchements, Hugo s'apprête à sortir son revolver au moment où Hoederer lui tourne le dos, mais il hésite. Hoederer lui demande son arme et finit par la tirer lui-même de la poche d'Hugo avant de lui proposer son aide. Hugo avoue qu'il n'a pas tiré car il s'est attaché à Hoederer. Il sort pour réfléchir à la proposition et Hoederer demande à Slick de garder un œil sur lui.

Scène III

Jessica, qui a assisté à la scène du rebord de la fenêtre, réapparaît. Elle tente de séduire Hoederer. Ce dernier commence par résister, mais il finit par l'embrasser. Hugo entre dans le bureau, les prenant sur le fait.

Scène IV

Hugo trouve sa femme dans les bras d'Hoederer et pense que ce dernier lui a offert son aide dans le seul but de s'approprier Jessica. Hoederer tente de s'expliquer, mais Hugo ne lui en laisse pas le temps et tire à trois reprises sur lui. Alertés par les coups de feu et les cris de Jessica, Slick et Georges entrent dans la pièce. Avant de mourir, Hoederer leur demande de ne pas faire de mal à Hugo. Il prétend avoir eu une liaison avec Jessica et que Hugo l'a tué par jalousie.

Septième tableau (Mars 1945, Chez Olga)

Scène unique

Son récit fini, Hugo confie à Olga qu'il s'apprêtait à accepter l'aide d'Hoederer. Mais le sentiment de trahison qu'il a ressenti quand il a surpris sa femme dans les bras d'Hoederer a eu raison de lui et l'a poussé au meurtre. Olga est soulagée d'apprendre qu'il s'agit bien d'un crime passionnel et compte le faire rentrer de nouveau au Parti. Elle lui apprend que le Parti a changé sa politique et suit à présent le plan initial d'Hoederer. Choqué par cette révélation, Hugo refuse de rejoindre le Parti. Pour ne pas qu'Hoederer soit mort en vain, il revendique son crime et se jugeant lui-même «irrécupérable», s'offre aux balles des hommes de Louis.

LES RAISONS
DU SUCCÈS

Jean-Paul Sartre commence à écrire *Les Mains sales* lors des vacances de Noël de 1947 passées avec Simone de Beauvoir dans la propriété angevine d'amis, La Pouèze. Mise en scène par Pierre Valde sous la supervision de Jean Cocteau, la première a lieu le 2 avril 1948 au théâtre Antoine. Si la presse communiste se montre assez hostile, la pièce rencontre un véritable succès. Elle reste sur la scène parisienne jusqu'au 20 septembre 1949, donnant lieu à 625 représentations. Elle est ensuite jouée en tournée, soit 300 représentations à travers l'Europe.

Le texte paraît d'abord de mars à avril 1948 dans la revue de Sartre *Les Temps modernes*, avant d'être publié par les éditions Gallimard en juin 1948. Le livre connaît lui aussi un succès retentissant. En 1955, 140 000 exemplaires ont déjà été vendus.

La guerre et la libération ont converti Sartre à la politique comme l'explique sa compagne, Simone de Beauvoir : « La guerre avait opéré en lui une décisive conversion. [...] Son expérience de prisonnier le marqua profondément : elle lui enseigna la solidarité ; loin de se sentir brimé, il participa dans l'allégresse à la vie communautaire. »

Dans la France d'après-guerre, le communisme représente un espoir de libération. D'un autre côté, en URSS, le communisme est une force d'asservissement au service du régime totalitaire de Staline. Sartre tâche de se maintenir dans sa propre voie. Fidèle à sa vision idéaliste, il refuse tout compromis et alliance avec les partis pro-américains, sans toutefois soutenir les prises de position du Parti communiste envers lequel il se montre assez critique.

En février 1948, Sartre participe à la fondation du Rassemblement Démocratique Révolutionnaire : « Il s'agissait de grouper toutes les forces socialistes non ralliées au communisme et d'édifier avec elles une Europe indépendante des deux blocs.» Mais le mouvement n'a qu'une existence éphémère : il prend fin le 30 avril 1949 et Sartre donne sa démission.

Comme l'explique Simone de Beauvoir dans *La Force des choses*, c'est l'assassinat de Léon Trotsky qui a inspiré à Sartre l'idée de la pièce *Les Mains sales* : «Le sujet lui en avait été suggéré par l'assassinat de Trotsky. J'avais connu à New York un des anciens secrétaires de Trotsky ; il m'avait raconté que le meurtrier, ayant réussi à se faire engager comme secrétaire lui aussi, avait vécu assez longtemps aux côtés de sa victime, dans une maison farouchement gardée. Sartre avait rêvé sur cette situation à huis clos ; il avait imaginé un personnage de jeune communiste né dans la bourgeoisie, cherchant à effacer par un acte ses origines, mais incapable de s'arracher à sa subjectivité, même au prix d'un assassinat ; il lui avait opposé un militant entièrement donné à ses objectifs. Ainsi qu'il le dit dans ses interviews, il n'avait pas voulu écrire une pièce politique.»

À l'image d'Hoederer, Trotsky est partisan de l'union de toutes les forces antifascistes, en opposition à la politique d'extrême gauche de Staline. Avec les menaces de mort qui planent sur lui, Trotsky vit dans une maison hautement gardée. Il est assassiné le 20 août 1940 par Ramon Mercador sur ordre de Staline. Fervent partisan du stalinisme, l'assassin a beaucoup de points communs avec Hugo, des circonstances du meurtre en passant par la psychologie du personnage et ses relations avec sa victime.

La pièce prend également pour cadre un pays fictif de l'Europe de l'Est, l'Illyrie, qui n'est pas sans rappeler la situation de la Hongrie au lendemain de la Seconde Guerre mondiale. Un sujet que Sartre connaît bien et qui apporte à sa pièce un certain réalisme politique. Alliée de l'Allemagne nazie, la Hongrie n'est occupée qu'à partir de mai 1944. En mars

1945, le pays est envahi par l'Armée rouge qui rétablit le Parti communiste hongrois. Avec le parti socialiste et le parti des petits propriétaires, le PC forme une coalition, nommé Le Front national d'indépendance. Bien que minoritaire avec moins de 20 % des voix, le PC finit par prendre le pouvoir en 1948 et absorber les deux autres partis. C'est une politique d'alliance avec les partis conservateurs et réactionnaires qui a permis aux communistes d'accéder au pouvoir, stratégie similaire à celle que défend Hoederer dans *Les Mains sales*.

LES THÈMES PRINCIPAUX

Divergence entre idéalisme et pragmatisme politique

Si Hugo et Hoederer sont tous deux communistes et membres du même Parti, ils ont des visions très différentes de la politique marxiste. Cette divergence entre l'idéalisme de Hugo et le pragmatisme de Hoederer est au cœur de la pièce.

Fidèle à sa cause et à ses idéaux, Hugo refuse de trahir ses principes et sacrifier sa pureté idéologique en soutenant la proposition d'alliance de Hoederer. Pour lui, seule la poursuite d'un idéal peut justifier l'action politique. Refusant tous compromis, il accepte d'éliminer ce traître qui agit seulement par opportunisme.

Fort de son expérience, Hoederer adopte une vision plus pragmatique de la politique. Pour lui, l'efficacité prime sur les principes et il n'hésite pas à se salir les mains pour atteindre ses objectifs. En proposant une alliance avec les partis conservateurs et réactionnaires, il va à l'encontre de tous les principes de son Parti, mais il n'a que faire de légitimer son action auprès de ces derniers. Accordant plus d'importance au résultat qu'à l'assentiment du Parti, Hoederer veut avant tout assurer la survie des Illyriens quand à l'opposé Hugo est prêt à les sacrifier au nom de ses idéaux.

«Comme tu tiens à ta pureté, mon petit gars! Comme tu as peur de te salir les mains. Eh bien, reste pur! À quoi cela servirait-il et pourquoi viens-tu parmi nous? La pureté, c'est une idée de fakir et de moine. Vous autres, les intellectuels, les anarchistes bourgeois, vous en tirez prétexte pour ne rien faire. Ne rien faire, rester immobile, serrer les coudes contre le corps, porter des gants. Moi j'ai les mains sales. Jusqu'aux coudes. Je les ai plongées dans la merde et dans le sang.» (Cinquième tableau, Scène III)

L'engagement politique

Dans sa pièce, Sartre explore également la notion d'engagement politique. Héros existentialiste typique, Hugo est un jeune bourgeois qui a épousé la cause du parti prolétaire et choisit de se révolter contre un ordre social injuste pour tenter de donner un sens à son existence. Pour Hugo, cet engagement n'a rien de juvénile comme le prétend son père : c'est au contraire un acte définitif qui engage à jamais sa vie. « Moi aussi, dans mon temps, j'ai fait partie d'un groupe révolutionnaire ; j'écrivais dans leur journal. Ça te passera comme ça m'a passé. » (Deuxième tableau, Scène III)

Son engagement et sa volonté d'agir semblent sans faille jusqu'à ce qu'il sympathise avec Hoederer, bien qu'il ne partage pas la même vision de la politique. La sympathie et le profond respect qu'Hugo éprouve pour l'homme qu'il doit assassiner sont de sérieux freins à l'accomplissement de sa mission et soulèvent chez lui un dilemme éthique. Il avait envisagé sa mort de manière abstraite et ne peut se résoudre à faire face à la réalité de cet acte. Habitué à se salir les mains, Hoederer lui propose son aide, mais quand Hugo le surprend avec sa femme Jessica, il est humilié et tire sur Hoederer en pensant qu'il se moque de lui.

À sa sortie de prison, l'engagement politique d'Hugo est de nouveau mis à l'épreuve. Il apprend que le Parti a changé de ligne politique et a adopté celle de Hoederer, ce qui va totalement à l'encontre de son idéologie. De peur que Hugo ne révèle qu'ils sont à l'origine de l'assassinat d'Hoederer, les membres du Parti décident de l'éliminer, mais Olga les convainc qu'il peut encore leur servir. Pour être jugé « récupérable » par le Parti, Hugo doit renier la portée politique de son acte. Mais Hugo reste fidèle à son idéologie. S'il renie son crime, la mort d'Hoederer sera vaine. Il choisit donc au contraire de revendiquer son crime et se déclare «non récupérable», signant ainsi son arrêt de mort.

«Vous avez fait d'Hoederer un grand homme. Mais je l'ai aimé plus que vous ne l'aimerez jamais. Si je reniais mon acte, il deviendrait un cadavre anonyme, un déchet du Parti. Tué par hasard. Tué pour une femme [...] Un type comme Hoederer ne meurt pas par hasard. Il meurt pour ses idées, pour sa politique ; il est responsable de sa mort. Si je revendique mon crime devant tous, si je réclame mon nom de Raskolnikoff et si j'accepte de payer le prix qu'il faut, alors il aura eu la mort qui lui convient.» (Septième tableau, Scène unique)

La liberté sartrienne

La pièce traite également de l'absoluité de la liberté humaine, telle que Sartre la définit dans *L'Être et le néant* : «L'homme est condamné à être libre.» Sartre conçoit la liberté comme une obligation pour l'homme de faire ses propres choix. Sartre place au centre de sa pièce un hasard résolument moderne qui remplace le destin de la tragédie antique. Comme le héros tragique soumis à la volonté de dieux qui se jouent de lui, Hugo est le jouet d'un hasard qui illustre parfaitement la contingence de l'existence.

«Moi, je vivais depuis longtemps dans la tragédie. C'est pour sauver la tragédie que j'ai tiré [...] Est-ce que je l'ai seulement fait? Ce n'est pas moi qui ai tué, c'est le hasard.» (Septième tableau, scène unique)

Hugo a cependant fait le choix d'assumer pleinement son destin. Bien qu'il ait grandi dans un milieu privilégié, il a choisi de se battre pour plus de justice sociale et a rejoint les rangs d'un parti révolutionnaire. Engagé dans sa cause, sa volonté d'agir l'a ensuite poussé à se porter volontaire pour exécuter une mission de premier ordre : tuer Hoederer : « J'en ai assez d'écrire pendant que les copains se font tuer. » (Deuxième tableau, Scène III) Une fois son crime accompli, Hugo n'est pas accablé par le poids des remords, au contraire : il accepte son destin.

« J'ai voulu m'attacher un crime au cou, comme une pierre. Et j'avais peur qu'il ne soit lourd à supporter. Quelle erreur : il est léger, horriblement léger. Il ne pèse pas. [...] Ni à mon cou, ni sur mes épaules, ni dans mon cœur. Il est devenu mon destin, comprends-tu, il gouverne ma vie du dehors, mais je ne peux ni le voir ni le toucher, il n'est pas à moi, c'est une maladie mortelle qui tue sans faire souffrir. » « J'aimais Hoederer, Olga. [...] Ce n'est pas mon crime qui me tue, c'est sa mort. » (Septième tableau, Scène unique)

À la différence de Jessica : « Je ne connais rien à vos histoires et je m'en lave les mains » (Cinquième Tableau, scène II), Hugo choisit de garder « les mains sales » et revendique son crime pour ne pas que la mort d'Hoederer soit vaine. En assumant pleinement ses actes, il devient maître de son destin et conquiert ainsi sa liberté.

ÉTUDE DU MOUVEMENT LITTÉRAIRE

Le théâtre engagé

La guerre et l'occupation allemande ont renforcé l'engagement des artistes. Cette période est très prolifique pour les dramaturges qui ont choisi de ne pas quitter la capitale et qui continuent leur activité sous le régime de Vichy. Tout comme Sartre avec *Les Mouches*, les auteurs engagés dans la résistance partagent leur désir de liberté dans des pièces avec par exemple *Antigone* d'Anouilh.

Le théâtre engagé revisite les formes traditionnelles de la dramaturgie. Avec sa pièce *Les Mains sales*, Sartre mène une réflexion sur l'engagement, une interrogation éthique et philosophique qui fait écho à *Situations II* et il associe volontiers politique et philosophie progressiste dans *Le Diable et le bon Dieu*. « Ainsi le théâtre n'est pas considéré comme une fin en soi, mais comme l'émergence d'une structure cognitive plus abstraite qui peut être une thèse ou même une véritable théorie », explique Nikos Lygeros dans *Apologie du Théâtre engagé*.

Dans les pièces dites « à thèse », on retrouve des dramaturges engagés de gauche qui défendent leurs idées comme Vilar en 1952 avec *Le Dossier Oppenheimer* sur les dangers du nucléaire. Dans les années 50, le théâtre se fait encore plus politique. Jean Genet développe un théâtre de la transgression avec *Les Bonnes* (1947), *Le Balcon* (1956) ou *Les Nègres* (1958).

Les représentations créent souvent polémique et vont même jusqu'à provoquer de violents conflits et affrontements physiques entre les partisans d'une cause et leurs opposants. En 1966, la représentation de la pièce de Genet *Les Paravents*, qui prend position contre la Guerre d'Algérie et condamne le colonialisme, entraîne de violentes manifestations.

Dans l'Europe d'après-guerre, les mouvements socialistes et communistes encouragent l'expansion de ce théâtre. En Allemagne de l'Est, Bertolt Brecht ne tarde pas à devenir une figure emblématique du théâtre engagé et son esthétique de «distanciation épique» qui permet au public d'exercer son esprit critique va rapidement gagner la France. Dans les années 60, ses œuvres sont très représentées. Elles tiennent une place de référence pour les dramaturges qui se veulent éveilleurs des consciences et prennent position dans la révolte des étudiants en mai 68.

L'esthétique de Brecht va inspirer beaucoup de metteurs en scène, marqués par les événements du printemps 68, comme Jean Jourdheuil qui met en scène en 1973 *La Noce chez les petits bourgeois* de Brecht. Dans les années 70, on retrouve également l'influence de Brecht dans les représentations de la troupe du Théâtre du Soleil qui expérimente un théâtre d'un tout nouveau genre à la Cartoucherie de Vincennes. La troupe met en scène des œuvres collectives comme *1789* et *1793* sur la Révolution française, où elle sort le public de son fauteuil et l'invite à évoluer sur scène au cœur de la représentation.

DANS LA MÊME COLLECTION
(par ordre alphabétique)

- **Anonyme**, *La Farce de Maître Pathelin*
- **Anouilh**, *Antigone*
- **Aragon**, *Aurélien*
- **Aragon**, *Le Paysan de Paris*
- **Austen**, *Raison et Sentiments*
- **Balzac**, *Illusions perdues*
- **Balzac**, *La Femme de trente ans*
- **Balzac**, *Le Colonel Chabert*
- **Balzac**, *Le Lys dans la vallée*
- **Balzac**, *Le Père Goriot*
- **Barbey d'Aurevilly**, *L'Ensorcelée*
- **Barbey d'Aurevilly**, *Les Diaboliques*
- **Bataille**, *Ma mère*
- **Baudelaire**, *Les Fleurs du Mal*
- **Baudelaire**, *Petits poèmes en prose*
- **Beaumarchais**, *Le Barbier de Séville*
- **Beaumarchais**, *Le Mariage de Figaro*
- **Beauvoir**, *Mémoires d'une jeune fille rangée*
- **Beckett**, *Fin de partie*
- **Brecht**, *La Noce*
- **Brecht**, *La Résistible ascension d'Arturo Ui*
- **Brecht**, *Mère Courage et ses enfants*
- **Breton**, *Nadja*
- **Brontë**, *Jane Eyre*
- **Camus**, *L'Étranger*
- **Carroll**, *Alice au pays des merveilles*
- **Céline**, *Mort à crédit*
- **Céline**, *Voyage au bout de la nuit*

- **Chateaubriand**, *Atala*
- **Chateaubriand**, *René*
- **Chrétien de Troyes**, *Perceval*
- **Cocteau**, *Les Enfants terribles*
- **Colette**, *Le Blé en herbe*
- **Corneille**, *Le Cid*
- **Crébillon fils**, *Les Égarements du cœur et de l'esprit*
- **Defoe**, *Robinson Crusoé*
- **Dickens**, *Oliver Twist*
- **Du Bellay**, *Les Regrets*
- **Dumas**, *Henri III et sa cour*
- **Duras**, *L'Amant*
- **Duras**, *La Pluie d'été*
- **Duras**, *Un barrage contre le Pacifique*
- **Flaubert**, *Bouvard et Pécuchet*
- **Flaubert**, *L'Éducation sentimentale*
- **Flaubert**, *Madame Bovary*
- **Flaubert**, *Salammbô*
- **Gary**, *La Vie devant soi*
- **Giraudoux**, *Électre*
- **Giraudoux**, *La Guerre de Troie n'aura pas lieu*
- **Gogol**, *Le Mariage*
- **Homère**, *L'Odyssée*
- **Hugo**, *Hernani*
- **Hugo**, *Les Misérables*
- **Hugo**, *Notre-Dame de Paris*
- **Huxley**, *Le Meilleur des mondes*
- **Jaccottet**, *À la lumière d'hiver*
- **James**, *Une vie à Londres*
- **Jarry**, *Ubu roi*
- **Kafka**, *La Métamorphose*
- **Kerouac**, *Sur la route*
- **Kessel**, *Le Lion*

- **La Fayette**, *La Princesse de Clèves*
- **Le Clézio**, *Mondo et autres histoires*
- **Levi**, *Si c'est un homme*
- **London**, *Croc-Blanc*
- **London**, *L'Appel de la forêt*
- **Maupassant**, *Boule de suif*
- **Maupassant**, *La Maison Tellier*
- **Maupassant**, *Le Horla*
- **Maupassant**, *Une vie*
- **Molière**, *Amphitryon*
- **Molière**, *Dom Juan*
- **Molière**, *L'Avare*
- **Molière**, *Le Malade imaginaire*
- **Molière**, *Le Tartuffe*
- **Molière**, *Les Fourberies de Scapin*
- **Musset**, *Les Caprices de Marianne*
- **Musset**, *Lorenzaccio*
- **Musset**, *On ne badine pas avec l'amour*
- **Perec**, *La Disparition*
- **Perec**, *Les Choses*
- **Perrault**, *Contes*
- **Prévert**, *Paroles*
- **Prévost**, *Manon Lescaut*
- **Proust**, *À l'ombre des jeunes filles en fleurs*
- **Proust**, *Albertine disparue*
- **Proust**, *Du côté de chez Swann*
- **Proust**, *Le Côté de Guermantes*
- **Proust**, *Le Temps retrouvé*
- **Proust**, *Sodome et Gomorrhe*
- **Proust**, *Un amour de Swann*
- **Queneau**, *Exercices de style*
- **Quignard**, *Tous les matins du monde*
- **Rabelais**, *Gargantua*

- **Rabelais**, *Pantagruel*
- **Racine**, *Andromaque*
- **Racine**, *Bérénice*
- **Racine**, *Britannicus*
- **Racine**, *Phèdre*
- **Renard**, *Poil de carotte*
- **Rimbaud**, *Une saison en enfer*
- **Sagan**, *Bonjour tristesse*
- **Saint-Exupéry**, *Le Petit Prince*
- **Sand**, *Indiana*
- **Sarraute**, *Enfance*
- **Sarraute**, *Tropismes*
- **Sartre**, *Huis clos*
- **Sartre**, *La Nausée*
- **Sartre**, *Les Mots*
- **Senghor**, *La Belle histoire de Leuk-le-lièvre*
- **Shakespeare**, *Roméo et Juliette*
- **Steinbeck**, *Les Raisins de la colère*
- **Stendhal**, *La Chartreuse de Parme*
- **Stendhal**, *Le Rouge et le Noir*
- **Verlaine**, *Romances sans paroles*
- **Verne**, *Une ville flottante*
- **Verne**, *Voyage au centre de la Terre*
- **Vian**, *J'irai cracher sur vos tombes*
- **Vian**, *L'Arrache-cœur*
- **Vian**, *L'Écume des jours*
- **Voltaire**, *Candide*
- **Voltaire**, *Micromégas*
- **Zola**, *Au Bonheur des Dames*
- **Zola**, *Germinal*
- **Zola**, *L'Argent*
- **Zola**, *L'Assommoir*
- **Zola**, *La Bête humaine*